不會吃虧的，姑且試試吧～

tiki大神親自傳授 掌握人際關係的魔法

tiki 著

楓葉社

序

只要改變「人際關係」，就能走上「幸福的道路」！

「為什麼人類不知道這麼重要的事咧？」

啥？你不知道我是誰？我是ｔｉｋｉ。

換個說法介紹的話，就是你們口中的「幸福之神」啦。

大家總是動不動就求神拜佛，祈求「讓我幸福」，不過各位是不是搞錯啦？自己的願望得靠自己實現才行啊。

不過呢，因為大家一直來問我一樣的問題，所以我想我也該出場啦。

首先我要說，其實大家都不知道「幸福道路」在哪裡耶。
所以啦，如果你還在煩惱
「通往幸福的道路在哪裡？」
「這樣走下去到底行不行呢？」
就讓我來指點迷津，告訴你如何走上「幸福道路」吧。
重點呢，就是把你現在走的路變成「幸福道路」。
如此一來，不管是錢、機會還是夢想就全都不是問題啦。
那最重要的事情是什麼咧？

「所有煩惱都是從人際關係來的」。

如果想把你的道路改寫為幸福道路，那就要檢討你和他人的關係。

畢竟幸福這種東西是別人帶來的啊～
受到身邊的人眷顧的話，你還會覺得自己不幸嗎？
又好比說，無論是心目中嚮往的工作或志同道合的同事，基本上都是透過別人得來的。
所以我要教的就是如何從人際關係得到幸福。

「竟然沒什麼人知道『人際關係取決於大腦』？」

大家都學過「大腦掌管一切」對吧？
人際關係也是一樣的。
「喜歡」、「討厭」、「好相處」、「難相處」之類對他人的觀感，全～都是大腦決定的。

那重點就是「騙過大腦」啦。

能成功騙過大腦的話，就能和想要建立好交情的人拉近距離，面對不喜歡的人也可以融洽相處。

你的人際關係將出現天翻地覆的轉變。很厲害吧？

懂得「與他人的相處之道」、「如何保持最佳距離」、「看清他人的訣竅」，不只機會、收入都會增加，身邊也不會圍繞討厭的人，能夠過著幸福的生活。

好好理解大腦，從今天開始走上幸福的道路吧。

「不會吃虧的，讀下去就對啦～」

tiki

序章

運用腦科學改寫人生的道路

——只要「人際關係」順利，一切事情都能得心應手！

第1章

學會和自己做朋友，心態就會變得不一樣

——通往幸福的第一步，就是讓大腦「醒過來」

第2章

只要距離縮短了，一切都會開始好轉

——大腦會透過「同理心」找到幸福的道路

第3章 正因為「不一樣」，才察覺得到其他人的價值

——腦中「難以言喻的想法」會帶你走向幸福的道路

第4章 改善人際關係，讓生活變得更正向

——藉由「轉念」讓大腦帶你走向幸福的道路

04 讓自己兼具體貼與堅強

通往「幸福道路」的指南

如此一來，就會有人為你帶來好運

——大腦會透過「與他人的連結」帶你走向幸福的道路

終章

進一步改變人生的8項技巧

——打造完美人際關係的私房絕招

後記

當「你」變得不一樣了，幸福也會傳遞給身邊的人

本文DTP 白石知美／安田浩也（システムタンク）

序章

運用腦科學改寫人生的道路

——只要「人際關係」順利，一切事情都能得心應手！

所有事情都是大腦決定的。
只要能正確運用大腦，
無論什麼樣的人際關係
都會出現神奇的轉變～

我之所以推廣「腦科學」，
就是希望盡可能
讓更多人得到幸福。

每個人的人生都會變得不一樣

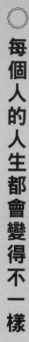

「我明明已經很努力了，卻做什麼事情都不順利。
為什麼我老是這樣呢……」

「妳不孤單喔。」

「咦？你是誰？」

「啥？妳不知道我是誰？大家應該都認識我吧？簡單來說，我就是所謂的『幸福之神』。可以講下去了吧？」

「啊！請說。」

「有超多人會來找我問事情，而且絕大多數問的都是『人際關係』。」

「是這樣啊？所以不是只有我囉。」

「人類的煩惱啊，
9成都來自於人際關係啦～」

「難道不是嗎？
人際關係順利的話，
人生就是彩色的對吧？
如果不用煩惱人際關係，
工作、戀愛、私人生活就全都能開開心心的啦。」

「真的嗎？
我實在很不擅長處理人際關係。
如果不用煩惱這些事情的話
就太好了……」

「妳看看，那些都是我教過的學生喔。
大家看起來都無憂無慮，超開心的對吧？
身邊圍繞著自己喜歡的人，心情非常愉悅，
就算跟討厭的人也能和平相處。」

「不過他們以前可不是這樣的喔。
超級在意他人的看法，
老是愛跟別人比較，
為了朋友隨口的一句話不知道要耿耿於懷多久，
一天到晚心浮氣躁、悶悶不樂……
但自從跟我學習了『腦科學』以後，
大家的人生都出現了180度的轉變喔！」

「每個人都說『我的人生好轉了』。
原本過去眼裡都只有『煩惱』，
但現在卻能看到『幸福』了。
如此一來，大腦就會自動把『幸福』收集過來啦。
而這也就是我所說的『幸福的道路』。」

「我也能做到嗎？」

「妳以為我是誰啊？
我可是ｔｉｋｉ耶！是神喔！」

「拜託您了！
請告訴我如何走上幸福的道路吧！」

人際關係的根本問題在於腦

「聽好囉，說到底啊～
一切問題都是來自於負責指揮的『大腦』。」

「大腦……嗎？」

「沒錯，就是大腦。」

「我所教的本質就是，
『人會變成自己想像的樣子』。」

「這是什麼意思啊？」

「聽好囉，
有人曾問過我這樣的問題。」

我總是忍不住拿自己和別人比較，搞得心情很不好。
看到別人過得很好、有交往對象、從事光鮮亮麗的工作，我就會很羨慕……
該怎麼做才能不那麼沮喪呢？

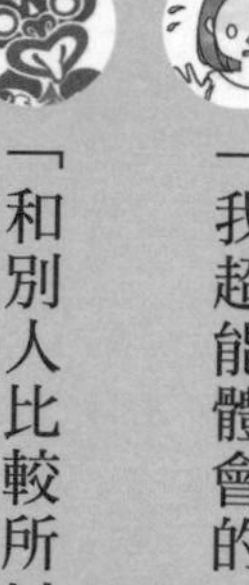

「我超能體會的！」

「和別人比較所以心情不好，這說法其實不對喔。」

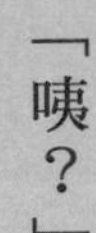

「咦？」

「是因為覺得『自己是沒用的人』，
又為了證明這一點，而去和他人比較，
結果就真的變成那樣了。」

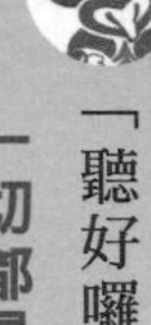

「聽好囉，
一切都是因為先有了『我是沒用的人』這種先入為主的想法。
而這就是我說的『人會變成自己想像的樣子』。」

「覺得自己沒用，
為了證明這一點，所以去和別人比較……
我從來沒想過耶。」

「對吧？
大家用腦的方式都錯了，
所以才會無法建立人際關係，
覺得幸福離自己很遙遠。」

「的確是呢……」

「我會帶著妳一同看我處理過的問題，
一題一題教妳該如何思考！」

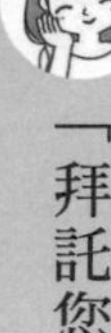

「拜託您了！」

第1章

學會和自己做朋友，心態就會變得不一樣

——通往幸福的第一步，就是讓大腦「醒過來」

「孤獨」其實並不是壞事喔！
如果能理解孤獨的話，
內心無論在什麼時候
都會是充實的～

01

比「了解他人」更重要的事

我和朋友、同事
總是有相處上的問題，
為什麼會這樣呢……？

大家總喜歡把眼前的人
當成基準來思考，
可是離你最近的人，
其實不就是你自己嗎？

當你想要改變和別人的關係時，你會先做什麼？

設法了解對方嗎？

等一下……

其實有人比起你眼前的人離你更近喔。

沒錯，就是你自己。

在思考如何與他人相處之前，先思考一下如何與自己相處吧。

這正是改變未來的關鍵！

如果和離自己最近的人都無法好好相處的話，當然不可能和別人處得來。

這一章要講的就是與自己相處的訣竅。

POINT

重新審視你是如何與「自己」相處的

02 別人是別人，自己是自己

我動不動
就會和別人比較，
好討厭這樣的自己。

別人是別人，
自己是自己吧？
完全沒有必要比較啊。
唯一可以拿來比的
只有昨天的自己啦！

會拿自己和別人比較，是因為沒有自己的基準。
其實你對旅行根本沒興趣，也不喜歡去人多的地方，可是在社群媒體上看到別人這樣做卻會忍不住羨慕……
靜下心來好好思考一下吧！
跑出去旅行或是跟一大群人一起聚餐，有時反而讓人覺得很累不是嗎？
搞不好你就曾經因為這樣而後悔過。
所以不要再跟別人比較、羨慕別人了。
重要的是身在此處的你自己。
你真正想做的事是什麼呢？

POINT

明確釐清自己的價值觀

03

沒有可取之處＝沒有價值的人？

對於沒有可取之處、
什麼都不會的自己
感到不安。

你從來都沒有被誇獎過嗎？
仔細想一想吧……
我可沒見過這種人喔。

在社群媒體上看到很會畫畫、工作一帆風順、吸引許多網友追蹤按讚的人，你或許會感到不安，覺得自己什麼都不會。

但你一定也有你擅長的事。

比起被誇獎的事，人往往更容易記得被責罵的事。

那就從童年時代開始回想，找出自己被誇獎的回憶吧。

字寫得很漂亮、跑得很快、笑起來很可愛……

相信你一定有被誇獎過。

能回憶起這些點滴的話，你也一定能想起長大以後被誇獎的經驗。

POINT

回想曾因為什麼事被「誇獎」？

04

不要勉強自己配合他人

我總是勉強自己
配合別人聊天，
搞得自己精疲力盡？

花費寶貴的時間
把自己搞得精疲力盡，
這樣對嗎？
真的有必要
這麼勉強自己嗎？

你也有因為不知如何拒絕的聚會、半推半就參加的應酬，回家之後累到虛脫的經驗嗎？
其實我們最該重視的，是最切身的「自己」。
和那些人在一起的時光真的有意義嗎？
把時間留給自己不是更好嗎？
自己一個人放空獨處是很重要的。

「我想做什麼？」、「我想要怎樣的人生？」思考這些問題、了解自己，是重視自己的第一步。

不要勉強自己，好好珍惜一個人獨處的時光吧。

POINT

優先把時間留給自己吧！

05 為什麼「自己」那麼重要呢？

為什麼一定要
了解自己才行呢？

就像家電、3C用品
要有說明書
用起來才會順手對吧？
人也是一樣的道理啊！

就算沒有看說明書，家電還是可以用。
但如果有仔細看過的話，往往會發現「原來還有這個功能啊！」
而你自己其實也是一樣。
你重視的人是誰？喜歡什麼事情？喜歡什麼地方？喜歡哪種音樂？
了解這些事對於你煩惱、心情低落、搞不懂自己時會很有幫助。
就算對自己沒那麼了解，也還是可以活下去。
但想要每天都能過得神采奕奕的話，或許就有困難了。
先做好一份自己的說明書，掌握因應突發狀況的準備吧。

製作「屬於自己的說明書」

06 如何停止胡思亂想

我常聽別人說
「要多愛自己一點」，
可是我根本不知道
該怎麼做？

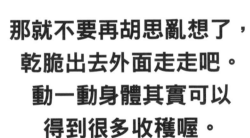

那就不要再胡思亂想了，
乾脆出去外面走走吧。
動一動身體其實可以
得到很多收穫喔。

「要怎麼做才能多愛自己一點呢……」再怎麼思考也不會有答案的。
遇到這種狀況時，不妨試試以下幾個方法吧。

日光浴－天氣好的時候去外面走走。
散步－早上在自家附近散步10分鐘。
冥想－閉上眼睛專注於呼吸。

這些方法能有效促進被稱為「幸福荷爾蒙」的血清素分泌。
感到幸福時，也就不會有「討厭自己」的想法了。

POINT

外出走走促進幸福荷爾蒙分泌

07

建立自信的祕訣

我什麼都做不好，
總是失敗，
對自己好沒自信。

這種狀況還要談自信的話，
也太可憐啦！先忘了過去，
相信「從今以後」的自己吧。

如果你覺得「不管我做什麼都做不好……」的話，推薦你一個方法，那就是「微小的約定」。

人會因為不斷累積「我做到了！」的成功體驗而培養起自信。

既然這樣，那就自己創造成功體驗吧。

「讀1本書」、「不搭電扶梯，改走樓梯」
「泡個熱水澡」、「提早30分鐘睡」、「1個小時不滑手機」

運用這種方式一點一滴建立對自己的信任吧。

遵守與自己的微小約定

08 寂寞和不安是可以消除的！

身邊沒有人的話
我就會感到不安、害怕。

雖然害怕孤獨
是人類的本能，
但就算獨自一人
也不會死吧？

人類有很長一段時間都是無法獨自一人生存的。
在原始時代，無論是狩獵或農耕都需要同伴。
因此「害怕一個人」是自遠古就已經刻劃在DNA中的價值觀。
但時代已經變了。
現代的我們不用靠狩獵或農耕也能活下去，
可是人類的本能卻還沒有跟上時代的變化。
會害怕獨自一人是人的本能，再正常不過。
但活在現代的你，也不需要過度害怕。
先記住這一點吧。

POINT

不需要過度害怕獨自一人

我們的本能

前面提過，數萬年前我們的祖先是靠打獵或農耕維生。

男人的任務是設法有效率地解決獵物。

女人的任務是設法在村落中提供協助。

由於很長一段時間都是這樣分工的，因此即使社會急遽改變，我們的本能也跟不上變化。

也因為這樣，男性通常重視追求成果，女性則通常溝通能力較佳。

活下來成了最優先的事，所以「害怕一個人」、「盡可能遠離危險」都是再自然不過的事。

但時代已經變了。

我們不用待在群體之中也能生存，有時也必須迎向危險進行挑戰。

可是我們的本能卻還沒跟上時代的變化。

許多你搞不清楚「為何如此不順？」的事只要往「本能」去想的話，就會恍然大悟。覺得「為什麼這個人講話總是這麼囉唆？」而不耐煩、覺得對方「都不肯好好聽我說話」而悶悶不樂，但這其實都是因為男女的本質不同所造成的。

只要了解了這一點，日常生活中的溝通就會變得輕鬆許多。

09

學會「有自己的想法」

我總是會過於
依賴男友或朋友，
搞得對方受不了而離開。

要對自己的想法有自信。
相信自己，就能夠
不依靠他人而活。

習慣依賴他人的人，要學會建立「自己的原則」。
這一點可以先從問自己「我真的想這樣做嗎？」開始。
因為別人開口了，只好不得已去做、只好去自己沒興趣的地方……
這種事情一旦多起來，就會不知道自己的原則為何。
「自己的原則」是要由自己的想法決定的。
如果是仔細思考過後，出於自願配合他人，這就是自己的原則。
只要建立了自己的原則，便能與他人保持適當的距離。
如此一來就有辦法確保自己的時間了。
你可以利用這些時間多和自己喜歡的人見面，或是專注在自己的興趣上。

POINT

問自己「我真的想這樣做嗎？」

10 找出「喜歡的事」

以前一直想辦法
避免獨處，
所以現在不知道
自己一個人該做什麼。

這種事習慣就好了啦！
不管是散步還是幹嘛，
覺得「好像很有趣、
好玩」的事
就全都嘗試看看吧！

因為害怕自己一個人，所以總是設法避免獨處，結果到了想要嘗試獨自一人時，就變得無所事事。

看電影、買衣服、做飯……

明明自己有喜歡的事，但因為太習慣配合他人，而把這些都忘了。

首先要找回自己。

你喜歡的事情是什麼？

有什麼事情會讓你著迷到忘了時間？

只要能想起來，獨處就不再是可怕的事了。

找出自己喜歡的事其實沒那麼難。

POINT

順從內心覺得「有趣」、「好玩」的想法

11

擁有自己的「推」

我是某位藝人的粉絲！
這也可算是
「喜歡的事」嗎？

不管是偶像還是什麼，
有喜歡的人不是很棒嗎？
勇敢支持下去就對了。

衷心支持「喜歡的人」

不管是偶像、朋友還是同事，只要是喜歡的人就放手去支持吧。

因為支持某個人其實也等於是支持你自己。

為了支持的對象行動時，大腦會分泌各種物質。

像是催產素、血清素、腦內啡、多巴胺……

這些都是會讓人感受到「愛」、「幸福」等正面情緒的荷爾蒙。

因此，當你支持某個人時，會有幸福的感覺。

購買偶像的ＣＤ、傳訊息向別人道謝、買個小禮物送人……

就用這些方式支持自己、支持自己以外的「某人」吧。

無論是做什麼，為了對方付出的行為全都是支持。

12

寫給容易被他人意見左右的你

我總是會被
他人的話影響！
我想當一個
不會輕易動搖的人！

如果是無所謂的事，
被影響也沒差啦。
但若是你重視的事情
可就不能讓步囉！

「被他人的意見左右」不一定全是壞事。
換一種說法的話，這叫作「願意聆聽他人的意見」。
最應該思考的是，這件事對你而言有多重要。
例如，和朋友吃飯要去哪間餐廳吃，是否要配合對方呢？
如果你對吃不講究的話，順著對方應該也無妨。
這和「被對方影響」是不一樣的。
但如果你對吃有自己的一套堅持的話，就應該勇於表達意見。
就像這樣分清楚哪些是自己「重視的事」吧。

POINT

平時就要留意自己「重視什麼」

13

一定有跟你合得來的人

我跟誰都沒辦法
打好關係，
真的有人
能跟我合得來嗎？

「現在」並不代表永遠吧？
世界上還有很多
你沒遇到的人啦！

若是有「跟每個人都合不來」的想法，請提醒自己以下3件事。

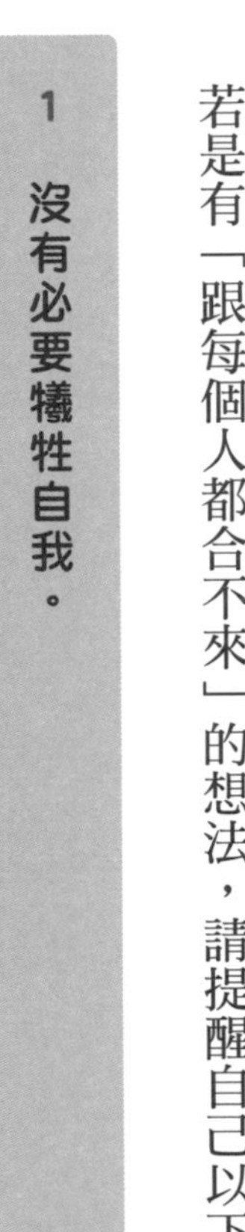

1 沒有必要犧牲自我。

2 你還沒遇到的人遠多於已經遇到的人。

3 緣分會在必要時到來，也會在必要時結束。

而且，「現在」並不是一切。

只要你有所行動，遇到的人、看到的風景都會截然不同。

POINT

行動會讓你遇見該遇見的人

想法是會成真的

大腦無法分辨現實與想像。

想到檸檬或酸梅時，

我們的嘴巴就會分泌唾液對吧？

只是「想像」酸的東西，

大腦就會命令身體「分泌唾液」。

相同的道理也可以套用在其他方面。

老是認為「我真差勁」、「總是不順利」、「大概會失敗吧」的話，真的就會變成那樣。

反之，若是相信「我沒問題的」、「絕對會順利」、「一定會成功」，這些想法也會一一成真。

好好利用大腦的這項特性吧。

第2章

只要距離縮短了，一切都會開始好轉

——大腦會透過「同理心」找到幸福的道路

若是能和喜歡的人
建立良好關係，
心裡無時無刻都會
感到充實對吧？
要做到這件事，就得要找出先
與對方的「共通點」～

14

創造良好開始的訣竅

我是個怕生的人，
面對初次見面的人
有什麼方法
能克服這一點嗎？

人在感覺對方
「和自己一樣」時
便會產生一股親切感。
試著不著痕跡地
模仿對方吧。

你聽過「鏡射效果」這個詞嗎？

這指的是配合對方喝飲料的時機，或是打開記事本的時機等，像是鏡子一樣做出相同的舉動。

人在感覺對方「和自己不同」時會心生警戒。

相反地，在感覺對方「和自己一樣」時則會感到安心。

因此像鏡子一樣做出相同舉動，可以帶給對方安心感。

如此便會轉化為好的印象，有助於產生親切感。

但如果被發現你是在模仿的話，則會造成反效果。

所以不妨花點心思故意慢個一拍，瞄準適當的時機展開行動。

像是鏡子般模仿對方

15

打造好印象是有祕訣的

有沒有方法可以在
關鍵時刻或場合
給別人留下好印象？

你會不會因為緊張
就面無表情啊？
若是能露出笑容的話
效果完全不一樣喔！

和別人初次見面時，每個人都會緊張。
你會因為太過緊張而繃著臉嗎？
說起來很簡單，最重要的其實就是笑容。
你想和臉上帶著笑容的人說話，還是看起來難以親近的人說話？
想必是有笑容的人吧。
如果平時就是個沒什麼表情的人，臉上肌肉說不定都已經忘記該怎麼微笑了……
練習的時候就用力將嘴角往上揚，誇張點也沒關係，讓自己做好準備。
比起能言善道，保持笑容更加有效。

POINT

做好露出笑容的暖身運動

16 消除緊張的3種方法

我總是會在
重要時刻緊張，
請教教我如何放鬆！

①專注呼吸
②掃描身體
③凝聚核心
緊張的時候試試看吧！

以下3種方法能幫助你脫離不想失敗而感到緊張的迴圈，不妨嘗試看看。

1 專注呼吸——從身體深處進行腹式呼吸5～10次。

2 掃描身體——想像自己在掃描全身每個角落，找出「感到緊張」的地方。找到之後做深呼吸並想像自己將緊張隨著呼吸吐出去。

3 凝聚核心——將意識集中在身體正中央，想像緊張蓄積於該處，慢慢做腹式呼吸。吐氣時想像緊張一點一滴排出體外，全部排光。

忘了「不想失敗」的念頭，專注於眼前的事物吧。

不要害怕失敗，專注於「當下」

17 我是個無聊的人嗎？

聽到別人告訴我
「跟你講話
一點也不有趣」
讓我大受打擊！

重要的是「如何聽」，
而不是「如何說」。
不然就嘗試看看
認真聆聽對方說話好了。

你和怎樣的人在一起時會感到開心？

①用生動有趣的口吻講述自己遭遇的人。

②聆聽你說話時看似十分開心的人。

如果是短時間的話，和①的人在一起或許就像身邊有位諧星一樣好玩。

但若是要長時間相處，絕大多數的人會選擇②。

你不覺得比起只會一直講自己怎樣怎樣的人，看起來很喜歡聽你說話的人相處起來更舒服嗎？

認真聽別人說話時，應該都會好奇「後來怎麼了？」之類的問題。

不會有人覺得喜歡聆聽自己說話的人「很無聊」的。

認真地聆聽他人說話

18 不用知道別人心裡的想法

我總是會在意
「不知道別人心裡
是怎麼想的」，
不停地小心翼翼
察言觀色。

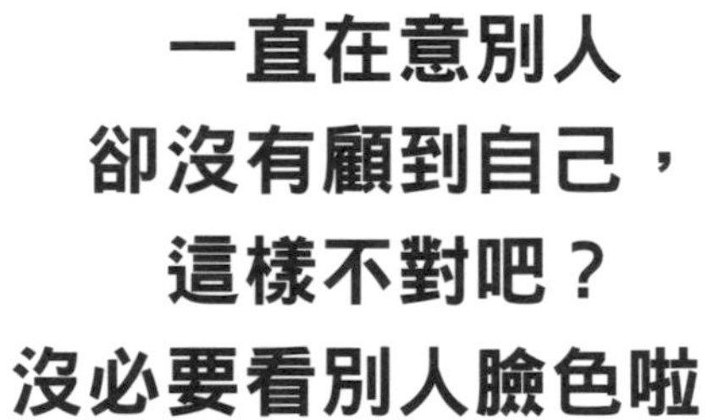

一直在意別人
卻沒有顧到自己，
這樣不對吧？
沒必要看別人臉色啦！

「不知道他心裡是怎麼想的？」

很多人都會推測或過度解讀，但其實根本沒必要探究別人心裡的想法。

畢竟你也無從確認到底是猜對還是猜錯。

就算直接去問，也不知道對方的回答是真是假。

所以想這些問題只是白費力氣。

把自己心裡的想法全部表達出來不一定是好事。

你應該也有一些「絕對不想說出來」的事吧。

有人來打探這些事的話，你不會反感嗎？

所以真的沒必要探究別人心裡在想什麼。

POINT

停止推測及過度解讀

19 稍微增加勇氣的方法

我有喜歡的對象，
但不敢和對方說話。

你仔細想想看，
你是喜歡不敢說話的自己，
還是鼓起勇氣
放膽說話的自己？

主動向別人說話是需要勇氣的。

就算對方不是自己心儀的對象，只是在路上遇到麻煩的人，大家都還是會猶豫「該不該主動上前搭話呢？」

這種時候不妨問問自己：

「你喜歡哪種自己？」

是因為害羞而不敢主動開口，事後覺得「我當時應該要勇敢一點的……」，還是大膽找對方說話，事後慶幸「還好我鼓起了勇氣」呢？

你喜歡哪一種自己？

順從內心的聲音，誠實而活會讓你更喜歡自己。

POINT

做出讓自己喜歡自己的選擇

20

聊天的重點在於「接話、展開」

和別人說話時
我都不知道要說什麼，
一下就陷入沉默了。

讓對話持續下去的
基本原則就是
「接話」→「展開」！
多用心聽對方說話吧～

「天氣不錯耶～」、「你週末在幹嘛？」、「工作忙嗎？」

就算準備了許多題材與人聊天，也有可能聊到一半就全都用完了。要一直持續「發問↓回答」的流程是一件困難的事，而且也很難炒熱聊天氣氛。

遇到這種狀況時，請記得做到「接話、展開」。

「你週末在幹嘛？」↓「去看了某某電影。」↓「（接話）我也很想看耶。
（展開）這部電影哪裡最好看？你喜歡那個演員嗎？」

與其勉強製造話題，倒不如接續對方的說話內容展開話題。

從對方的話語中找出話題

21 和他人打好關係的實用建議

我想和別人建立
可以輕鬆聊天的交情！
一開始該怎麼做？

那就尋找共通點吧。
就像在打電動一樣，
努力找一找，
看能找出多少個共通點。

58頁中提過，人會對於「和自己一樣」的人抱持親切感。

這一點並不限於初次見面的人。

和對方有相同興趣、相同背景的話，對話就會一下子熱絡起來對吧？

「念書時參加什麼社團？」

「喜歡吃飯還是麵包？」

「喜歡什麼漫畫？」

或是血型、有幾個兄弟姐妹、喜歡的顏色等，任何話題都可以。

重點在於「有共通點」。

這叫作「相似性原則」，會使對方對你產生親切感。

運用「相似性原則」炒熱對話

22

讓對話持續下去的3步驟

和話少的人說話時，
有什麼方法可以
讓對話順利持續下去嗎？

每個人都會有
想要談論的話題。
找出關鍵字之後，
深入挖下去就對啦！

有些人很不擅長講自己的事。
遇到這種人的話，可以試試以下3步驟。

1 對方說話時不要插嘴。
2 拋出「後來怎麼了？」、「你當時怎麼想的？」之類的小問題。
3 找出關鍵字，進一步問下去。

人是一種會不自覺想要談論自己的動物。
但請你設法忍住，全神貫注在「聽」這件事上。

針對關鍵字深入挖掘

23 「同理」和「同情」有何不同？

我常聽人說
「同理心很重要」，
可是「同理」是什麼啊？

「同理」的重點在於
「上下關係」和「角度」，
尤其是要站在對方的「角度」！

所謂的「同理」並沒有你和我誰在上、誰在下之分，而是用和對方相同的角度思考。

例如，有人找我們談心事時，很多人都會用「同情」、「給忠告」的口吻說出「原來是這樣啊，我明白了。但你應該要〇〇吧？」之類的話。

可是「同情」、「給忠告」並不是對等的關係。

這是因為出於同情而給予忠告的一方，以及有煩惱的一方會不知不覺建立起上下關係。

真的站在對方的立場思考時，不會產生上下關係。

若是能做到這一點的話，所有人都會願意對你敞開心胸。

站在對方的立場思考才叫同理

通往「幸福道路」的指南 02

與人相處其實很簡單

「人際關係實在太難了。」
「人與人的相處為什麼那麼複雜……」
我不時聽到有人這樣說，但其實人際關係是非常單純的東西。
只是大家都想得太複雜了。
每個人的價值觀確實都不一樣。
你喜歡的東西可能是別人討厭的東西。

但大家也有共通之處，

那就是「本能」。

「想要被重視」、

「想得到認同」、

「想要同伴」。

這是每個人或多或少都有的共通需求。

所以只要了解這些人類的本能，人際關係就會更順利。

建立理想的人際關係並不難。

拉近和喜歡的人之間的距離、和處不來的人相安無事、找到一個所有人都

跟自己合得來的歸屬……

如果這些是你想要的，那就試著讓想法單純一點吧。

24

會不會主動邀約是因人而異

每次都是我主動約朋友，
可是朋友都不會來約我。

你若是喜歡對方的話，
主動邀約又有什麼關係？
一直去想對方為何
不主動約你也沒用啊。

你屬於「主動約人的人」還是「等別人約的人」？
其實每個人都有自己屬於的類型。
有些人可能會煩惱「為什麼別人都不來約我？」但或許只是因為你身邊大多都是「等待別人邀約的人」。
說不定對方正在期待你提出邀約呢。
所以不需要為此煩惱。
想約對方見面的話，那就去約吧。
與其在意別人沒有主動約你，倒不如好好享受邀約他人出來一起共度的愉悅時光。

POINT

想見面的話就主動邀約無妨

25

如何更進一步拉近距離

該怎麼做才能
和稍微有交情的人
變得更熟呢？

人都會覺得應該
要禮尚往來吧？
所以用這招就對啦！
就由你這邊主動出擊吧！

試吃了商品卻沒有買的話會覺得不好意思。
收到別人的禮物卻沒有回禮的話會感到過意不去。
這種坐立難安的心情是人類很自然的心理。
既然如此，想拉近距離也可以應用這個道理。
也就是「自我揭露」——向對方透露自己的祕密。
講祕密的時候會讓人覺得彼此的距離縮短了對吧？
那你不妨主動分享自己的祕密。
不用講什麼很重大的祕密，透露一點小事就行了。
如此一來，對方就會覺得必須有所回饋才行，也向你分享祕密。

主動說出自己沒告訴過別人的事

26

想讓自己成為受歡迎的人

人際關係有沒有
什麼最重要的訣竅？

最重要的就是
「同理心」啦！
有沒有同理心會嚴重影響
別人對你的態度喔。

人是一種「希望別人聽自己說話」的動物。

因為只要有人願意聽自己說話，就會感到滿足。

所以人會被對自己說的話展現「同理心」的人吸引，而不是被很會給建議的人吸引。

再強調一次，人際關係的終極絕招就是「同理心」。

想和別人打好關係的話，就培養同理他人的能力吧。

身旁都是自己喜歡的人、能得到自己想知道的資訊、不斷有好機會找上門來……，只要學會「同理」他人，就能遇到各種好事。

能夠從人際關係受惠的正是這種人。

POINT

培養同理他人的能力

「潛意識」的神奇之處

據說人類有95%的行為都是在潛意識下進行。

例如「走路」這件事，

我們不可能一直去想「這一步跨出了右腳，下一步要跨左腳……」

為了盡量節省能量、活得輕鬆，

會由潛意識主導行為。

相同的道理，

若是在潛意識中認為「我做得到！」，

自然而然就會這樣行動。

你對於自己抱持著何種印象呢？

改變對自己抱持的印象將會幫助你

真正做到改變自己。

第3章

正因為「不一樣」，才察覺得到其他人的價值

——腦中「難以言喻的想法」會帶你走向幸福的道路

其實不安正是
改變的機會，
這是大腦在跟你說
「該行動啦～」

27

朋友的定義是什麼？

怎樣的人才算是
真正的朋友呢？

真正的朋友
該要了解你好的一面，
也了解你不好的一面。
即使如此也願意
待在你身邊的話，
就是真正的朋友。

不要害怕展現自己的全部

每個人都有好的一面和不好的一面。
再怎麼看似聖人的人也一樣。
所以只看你好的一面而和你在一起是理所當然的事。
真正的朋友則是了解你不好的一面，但還是願意和你在一起的人。
若看到你不好的一面而選擇離開的話，代表你們的交情也就僅止於此。
這種人不是真正的朋友。
因此，無論是優點還是缺點，都不要害怕展現出來。
怕麻煩、時間觀念不好、不擅長打掃……
這些缺點也都是你的一部分。

28 如何分辨一個人重不重要

我搞不清楚
對自己而言，
誰才是重要的人。

你感到幸福的時候，
腦海中會浮現誰的臉？
這樣的人可要好好珍惜啊！

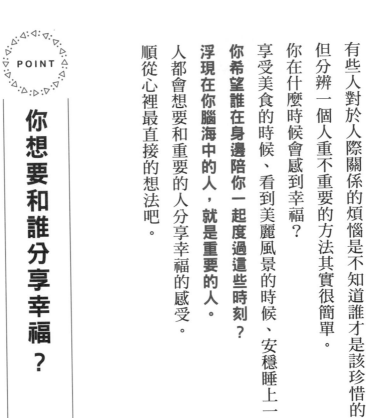

你想要和誰分享幸福？

有些人對於人際關係的煩惱是不知道誰才是該珍惜的人。

但分辨一個人重不重要的方法其實很簡單。

你在什麼時候會感到幸福？

享受美食的時候、看到美麗風景的時候、安穩睡上一覺的時候……

你希望誰在身邊陪你一起度過這些時刻？

浮現在你腦海中的人，就是重要的人。

人都會想要和重要的人分享幸福的感受。

順從心裡最直接的想法吧。

29

「以為會幫我〇〇」的心態

我以為對方會幫我做的事
如果對方沒做的話，
我就會不開心。

這是因為
你對對方抱有期待啦。
但要讓別人
都照著你的意思做
是不可能的吧？

POINT

不要期望別人照你的意思做

人總是會不自覺地對他人抱有期待。

「他會幫我做這件事吧？」

「應該要〇〇才對啊。」

「為什麼沒有幫我〇〇？」

期望如果愈大，當對方沒有照你心裡想的去做時，就會感到愈失望、心情愈不好。

但我們是不可能要他人按照我們的意思行動的。

無論是多麼親近的人，價值觀都不會百分之百和你相同。

不要抱持期待會活得更輕鬆喔。

30 講道理為何會破壞關係？

我無法認同對方的想法，
結果變成了各執己見，
心裡還留下疙瘩。

「講道理」對人際關係
一點幫助也沒有啦！
重點在於了解對方為何
會說出那樣的話。

「我的想法是對的，你是錯的。」

如果是在開研討會，只要能搬出道理說明你就贏了。

但平時對別人這樣做的話……？

「講道理」有時候會破壞人際關係。

或許對方其實也知道自己講的東西是錯的。

那為什麼卻還是不肯退讓？

我們應該關注的是這件事吧？

不要在乎誰對誰錯，試著站在對方的立場想一想，為何對方會這樣想？

對方一定也有自己的想法。

POINT

不要逼別人接受你的想法

31

「喜歡的人」和「與我無關的人」

我連放假的時候
都會想起討厭的人，
搞得心情好差……

「喜歡的人」和
「與我無關的人」
世界上只有這兩種人啦。
改用「與我無關」的角度
去想吧。

人是一種不加以控制的話就會愈想愈負面的動物。
所以會想起討厭的人、討厭的事是很自然的。
但至少放假的時候就不要再想這些了吧。
遇到這種狀況時，不妨換個角度想……
「世界上就只有『喜歡的人』和『與我無關的人』這兩種人。」
把原本在「討厭」這個框框裡的人移到「與我無關」的框框，就不會再有事沒事想起對方了。
這些時間就拿來想喜歡的人吧。
人生苦短，如果能與喜歡的人共度這寶貴的時光，日子會過得更開心。

把「討厭」轉換成「與我無關」

32 運用「if then法」蓋掉討厭的事

只要想起以前受的傷害，
心裡就會很不好受。

先決定好若是想起
不愉快的回憶時該怎麼做？
答案就是用快樂的事蓋掉！

許多人會忍不住去回想討厭的人、不好的回憶。
如果你也有這種困擾，不妨試試看「if then法」。

先決定好，「if（如果）」想起了不好的回憶……
「then（那就〇〇）」。

人在需要瞬間做出判斷時，總是容易受負面因素影響。
所以要讓喜歡的人、歡樂時光的回憶將這些蓋掉。
養成習慣之後，回想不愉快的過往的次數應該就會慢慢減少了。

POINT

養成回想開心時刻的習慣

33

正視自己的「嫉妒」

聽到朋友說她
交新男友了
我就既羨慕又嫉妒……

嫉妒也是一種重要的情緒，
不需要否定啦。
嘗試將這種心情
轉換成動力就好啦！

「嫉妒別人是不對的。」
「我會這樣想真是太差勁了……」
「我是個冷漠的人嗎？」
想這些事情一點好處也沒有。
羨慕、嫉妒他人是非常正常的事。
也有不少人是因為把「想當有錢人」的想法當成動力持續打拚，最終才實現了夢想。

否定自己的情緒是最不好的。
先試著肯定聽到朋友說交了新男友時，心生嫉妒的自己吧。

肯定自己嫉妒的心情

如何進行冥想

人的煩惱是從「對過去的後悔」、「對未來的不安」等情緒而來的。換句話說，煩惱大多是因為無法專注於「現在」所產生。冥想則能夠幫助你專注於「現在」。

以下將介紹冥想方法之一的「呼吸冥想」。

呼吸冥想

1 身體放鬆，輕輕閉上眼睛。

2 將注意力放在「屁股與椅子」、「腳與地面」等身體的感覺。

3　藉由計算呼吸次數、感受通過鼻腔的空氣等方式專注於「當下」。

4　腦中浮現雜念也不用在意，回到步驟2即可。

有研究指出，持續冥想可以改變大腦的結構。

專注於「現在」而不要老想著過去或未來，能夠消除無謂的煩惱及憤怒。

如此可以讓你察覺自己的優點，提升幸福感。

實際試過就會知道，冥想其實並不容易，不是馬上就能學會的。

但重點在於維持下去，就算1分鐘也好。

相信你會因此一點一滴感受到自身的變化。

34 讓「好好喔」、「好羨慕喔」成為動力

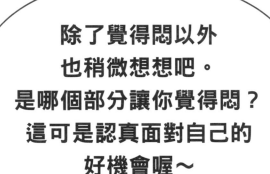

聽到朋友錄取了
夢寐以求的工作，
不知道為什麼
讓我感覺很悶。

除了覺得悶以外
也稍微想想吧。
是哪個部分讓你覺得悶？
這可是認真面對自己的
好機會喔～

為什麼會覺得悶呢？
是因為自己也很想要相同工作？
覺得朋友走在自己前面所以急了？還是不甘心？
窺探內心真正的想法並沒有想像中那麼容易。
朋友之類與我們親近的旁人，其實是幫助我們了解內心真正想法的好機會。如果是好朋友，一定會想為對方加油。
儘管如此卻感到悶悶不樂，是因為你沒有察覺自己內心真正的想法。
只要找出原因，心情就會豁然開朗，將陰霾一掃而空。

POINT

找出「複雜情緒」背後的存在

35

不要在他人與自己間畫界線

有些人明明很和善，
卻又有讓我覺得
「不太行耶……」的部分。

一旦給對方貼上標籤，
那就沒救啦。
不要製造隔閡，
試著用持平的角度
去看待吧。

如果像畫邊界一樣，分出「這邊」和「那邊」的話，便會產生隔閡。
人與人之間的紛爭及仇恨，有時或許就只是因為一條界線而來的。
我們對他人的觀感也是一樣。
一旦畫出界線，覺得「他不太行耶……」眼裡就只會看見對方的缺點。
如此一來，對方出於善意所做的事也可能被你負面解讀。
若發覺這條界線的存在，請提醒自己將界線抹去。
對方說不定會展露出你過去從未見過的一面。
你們的相處甚至可能因此產生變化，成為一輩子的朋友。

POINT

提醒自己用持平的角度看人

36

被無心的一句話傷害時……

我有時會被別人
沒有惡意的一句話傷害。

如果受傷了
就應該說出來啊。
為什麼選擇不說呢？
關係因為這樣就變差的話，
那還能算朋友嗎？

我們自己有時可能也會嚇一跳，「原來我會因為這樣覺得受傷？」但對於每件事會有什麼樣的感受本來就是因人而異的。

你有你的感受，別人有別人的感受。

就算是交情再好的朋友，也不可能完全一樣。

因此，如果對方是你重視的人，不管再小的事，只要讓你感覺不舒服的話，都應該說出來。

會說出「就因為這點小事？」這種話的人就沒必要再深交了。

「原來你這樣想啊，那我以後會注意。」會這樣說的人才是該珍惜的人。

不要害怕拒絕，要清楚表達自己的意見，才能增進對彼此的理解。

面對重要的人更該開誠布公

37

慎選往來的對象

如果感覺到對方
並不重視我的話，
是不是就只能忍耐了？

不被重視這種事
可不能習慣耶。
人的心就和玻璃杯一樣，
要用心對待才行啊。

「這個人是不是看不起我啊？」
「他講話總是一副高高在上的態度耶。」
你有過這樣的感覺嗎？
遇到這種事的話不用忍耐。
不需要貶低自己的心配合這種沒禮貌的人。
就像玻璃杯打破了以後無法再恢復原狀一樣，人的心如果受到傷害，也不是輕易能修好的。

我們都會小心翼翼地對待、使用玻璃杯對吧？
對待人心也是相同的道理。

POINT

只和會用心對待你的人往來

38
遇到不客氣的人該如何反應？

如果感覺到
「這個人對我很不客氣」的話
該怎麼辦才好？

不要在意，
用正常的態度面對就好。
如果你把格調
降到跟對方一樣，
那你們不就是同一種人了？

用加倍和善的態度面對

你是否覺得某個人對你就是特別不客氣，或者總是特別針對你？

覺得「這個人對我很不客氣」的話，該如何反應才好？

答案是——表現出跟對方完全相反的態度，和善以對。

因為對方對你不客氣，就以牙還牙，用同樣的態度回敬，只會讓你的格調變得和對方一樣。

小朋友對你惡作劇的話，你不會同樣惡作劇回去吧？

兩者是一樣的道理。

對方不客氣的話，你的態度要加倍和善。

讓別人看到你的心胸寬闊。

39「把話講開」也不管用的狀況

有些人實在很難溝通，
我費盡了力氣
卻還是徒勞無功……

「把話講開就好」
對某些人是不管用的，
這種人就當他是從
別的星球來的吧～

「不知道為什麼，彼此講話的頻率就是對不上。」
「講話有夠跳躍的，搞不懂他想說什麼。」
很遺憾，「把話講開就好」並不適用於所有人。
有些人甚至會讓人感覺彼此不是用同一種語言在交談。
遇到這種人的話，最好的做法就是保持距離。
只有你一個人著急是解決不了任何問題的。
如果你們是難以保持距離的關係，說話時就關閉情緒的開關吧。
思考「為什麼無法溝通？」、「是我不對嗎？」是沒有意義的。
畢竟對方和你不是用同一種語言，這也是無可奈何的事。

POINT

關閉情緒的開關

欺騙大腦

要想改變「現在的自己」，

必須從「潛意識」做起。

想改變潛意識則得「欺騙大腦」。

只是嘴巴上說「我做得到！」

心裡卻沒有真正相信的話，會被潛意識看穿。

要做到打從心底相信，需要的是「情緒」。

做到了這件事的話，

會是怎樣的心情？會發生什麼改變？

盡可能做出具體、逼真的想像，

能幫助你改變潛意識。

第4章

改善人際關係，讓生活變得更正向

——藉由「轉念」讓大腦帶你走向幸福的道路

其實根本
沒有「處不來的人」。
試著重新思考一下
你與對方的相處吧～

40

若是有人說自己壞話……

知道自己很信任的人
在背後說我壞話時
真的好受打擊。

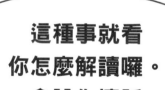

這種事就看
你怎麼解讀囉。
會說你壞話
表示對方很注意你啊。
完全被忽略才是最難受的吧？

有人說自己壞話、和要好的人分開、被責罵……

遇到這些事情時，不妨用以下角度來思考。

・有人說自己壞話↓有人很注意自己。

・和要好的人分開↓認識不同人的機會。

・被責罵↓對方對自己有所期待。

如果你會反射性地心情低落，那就先停下來思考一下。

我可以如何轉換想法？若能轉換為正向想法，心情會輕鬆許多。

任何事情都可以正向解讀

41

不要期待不機靈的人會開竅

遇到不機靈的同事
實在讓人很不耐煩。

「不機靈」就代表
這個人神經很大條。
既然這樣，
再怎麼耿耿於懷也沒用啦。

總在不該說話的時候說話。
不懂得察言觀色。
身邊如果有這種不機靈的人，很容易讓人感到不耐煩。
可能你甚至會覺得「他到底是不是故意的啊？」但其實不用費盡心思過度解讀。

就是因為不機靈，才會不知道「這個不能說」、「現在先閉嘴就對了」。

所以期望對方能注意到這些是沒用的。
不機靈的人不管過了多久都不會變機靈。
一直耿耿於懷也無濟於事。

POINT

接受對方就是「這種人」的事實

42 害怕表裡不一的人

有些人感覺個性很好，
但又好像有另一面……
我很怕這種人。

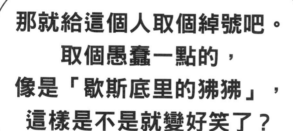

那就給這個人取個綽號吧。
取個愚蠢一點的，
像是「歇斯底里的狒狒」，
這樣是不是就變好笑了？

一旦曾對某個人感到恐懼的話，印象就很難翻轉。

既然如此，就把恐懼轉變為滑稽、好笑。

有個簡單的方法，就是結合對方的個性，在心裡幫對方取個綽號。

例如，在動物前面冠上「歇斯底里」、「陰險」之類的負面形容詞，用這個公式可以輕易想出各種綽號。

思考要給對方取什麼綽號也是一種樂趣。

當對方說了不中聽的話時，只要心想「（綽號）又在說什麼五四三了……」相信你也就不會放在心上了。

用這個方法蓋掉內心的恐懼吧。

取個好笑的綽號

43

自己真正的想法比小圈圈更重要

有什麼方法可以脫離
愛聊八卦的小圈圈嗎？

不要去想之後會發生什麼事，
離開就對了！
不用在意處不來的人啦。

POINT

不要在意離開之後會怎樣

在公司、學校或是與朋友相處時，有時可能會誤入你不喜歡的小圈圈。這種時候應該先重視自己，而不是其他人。真的覺得和身邊的人處不來的話，就趕快逃吧，像是抽身離開小圈圈、婉拒對方的邀約等。

或許你會擔心「被說壞話怎麼辦？」、「會不會影響以後的關係？」**先拉開距離之後再來想這些吧。這些擔心或疑慮有9成都不會真正發生。**還有別忘了好好誇獎一下勇敢選擇「逃離」的自己。

44 遇到處不來的人該怎麼辦？

有的人我實在是處不來，
每次見面都是煎熬。

你不喜歡對方的哪裡？
是個性？還是生理上的厭惡？
誠實面對自己的感受
仔細想一想吧。

POINT

思考「處不來」的真正原因

相信每個人都有覺得相處不來的人。

像是「不喜歡對方說話的方式」、「對方愛裝熟」等，原因百百種。

這種時候不妨再更深入思考這種「不喜歡、處不來」的感覺。

是不喜歡對方的個性嗎？還是說話方式？

或已經演變為生理上的厭惡？

只要釐清了這一點，心裡多少會鬆口氣。

如此一來便能逐漸找出解決之道或應對方式。

也有可能是「其實對方跟自己想的不一樣」、「原因其實在於自己」等等。

不要只是停留在「感覺」，試著想出方法解決吧。

45

無法冷靜時就這樣做

「這個人我不行」
只要我有了這樣的念頭
就會漸漸變得無法冷靜。

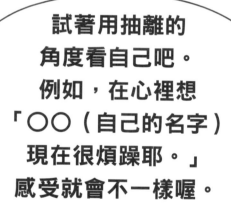

試著用抽離的
角度看自己吧。
例如，在心裡想
「○○（自己的名字）
現在很煩躁耶。」
感受就會不一樣喔。

其實，根本就沒有「處不來的人」。
就像96頁所提過的，只有「喜歡的人」和「與我無關的人」而已。
但恐怕還是會有人讓你無法控制住情緒，一直為此煩心。
發現自己有這種狀況的話，不妨試著當成「別人的事」來看待。

「○○（你的名字）現在很煩躁耶。」
「○○（你的名字）好像心裡很悶。」

不要用「我」，而是用名字思考，能讓你用客觀的角度看待自己。
客觀的態度可以幫助你察覺與自己觀點相反的想法，煩躁、鬱悶的心情也會逐漸消失。

將自己的心情當成別人的事看待

通往「幸福道路」的指南 04

讓自己兼具體貼與堅強

「體貼」與「堅強」都是人的必要特質。
許多有人際關係困擾的人都是因為「太過體貼」。
人與人是透過體貼連結在一起的。
但有些人太過體貼，過度將他人的事看得比自己的事優先，因而產生了煩惱。
這種時候需要的便是「堅強」。

「自己一個人也沒問題」的堅強。
「不拿別人與自己比較」的堅強。

這種「堅強」有助於相信自己。
由於對自己有自信，便不會被多餘的人際關係搞得暈頭轉向。
而且還能與自己真正重視的人感情更好，在自己與身邊的好友間建立幸福的連結。

想要變得「堅強」則必須提升自我肯定感。
只要照著本書的內容實踐，便會自然而然增加對自我的肯定。
請你從自己最在意的地方做起，成為一個兼具「體貼」與「堅強」的人。

46

如何不傷和氣地拒絕別人

我很想拒絕
死纏爛打的邀約，
卻總是做不到。

想要一次把關係斷乾淨
恐怕不容易吧。
那就試著每約5次拒絕1次、
3次拒絕1次，
慢慢地疏遠對方吧！

要和糾纏不休的人保持距離實在很難。
「先想好拒絕的理由」可以幫助你有效維持距離。
只是，要一下子完全拒絕原本很親近的人提出的邀約，自己的內心或許也會有些抗拒。
遇到這種情況的話不用勉強。
一開始可以先在5次邀約裡拒絕1次。
習慣之後改成3次拒絕1次、2次拒絕1次……
一點一滴地拉開距離，對你自己和對方都不會造成心理負擔。
先做到拒絕一次邀約，你的心情就會輕鬆許多。

POINT

逐步增加拒絕的次數

47

放不下的話該如何離開

雖然想保持距離，
但又有地方放不下，
所以一直做不到。

那就訂下規則吧。
如果對方違反了你心裡認為
「不可打破」的規則，
就一定要狠下心啦。

「離開處不來的人」——這是人際關係的終極絕招。

但或許你們有共同的朋友、彼此是親戚、在工作上會直接往來……等，讓你無法離開的現實因素。

遇到這種狀況時，你就在心裡訂下規則吧。

以下就是「絕對不可打破」的規則範例。

不遵守約定－沒有做到承諾要做的事。

找藉口－輕易答應自己做不到的事，又用睜眼說瞎話的找藉口搪塞。

喜歡說人壞話－只會說他人的缺點或道人是非。

嘲笑別人的夢想－看不起別人的夢想，覺得不切實際。

情緒化－愛生氣，或因為小事就沮喪。

愛抱怨－總是在抱怨同事或朋友。

言行舉止失禮－若無其事地做出平常人不會做的事。

至於是要打破了所有規則你才離開，或者打破一半、打破一條就離開，則是由你自己決定。

訂下規則這個方法十分有效，而且任何形式都可以。

人不管在什麼時候都是希望維持現狀的。改變是很麻煩的事。

即使過得很辛苦，也依然抱持這種心態。

「或許他其實是個好人。」
「他過去也曾經對我不錯。」
「說不定他會改。」

或許你抱有這些期待，才遲遲無法離開對方。

但也正因為如此，訂下規則就更加重要。
若是有人打破了你的規則，就不用多做考慮，斬斷關係吧。
左思右想只會讓你想出「不去做的理由」。
每件事情都是實際去做了以後才發現，原來比想像中容易。
斬斷關係後，騰出來的空間會有新的關係填補。
即使不是理想的關係，只要重複接受、斬斷、再接受……的循環，你的身邊最後就只會剩下喜歡的人、喜歡的事物。
你打算訂下怎樣的規則呢？

POINT

訂出對你而言不容打破的規則

48 懂得「原諒」會讓一切好轉

有人對我做了
很過分的事，
我完全不想原諒對方！
這種時候該怎麼辦？

你要不要原諒
並不是對方的問題喔～
但選擇「原諒」
會讓你心裡變輕鬆。
為了自己，就原諒對方吧。

如果有人對你做了很過分的事，只要一想到對方，就會氣得火冒三丈吧。
但是，原不原諒並不關對方的事。
選擇原諒是為了你自己。
這樣能讓你放下憤怒的情緒，並以正向的情緒取而代之。
你會因此過得比現在輕鬆，正向的態度也會傳遞給身邊其他人。
既然如此，還是趕快選擇原諒，把對方忘了比較好。
「憤怒」這種情緒愈是去想，就愈會膨脹。
因此就算不經意地想起了，也不要再繼續想下去。
萬一回想起令你憤怒的人、事、物，就趕快把思緒拉回「現在」吧。

為了自己而原諒對方

49

學會視而不見

那些若無其事傷害別人、
說人壞話的人
實在讓人傷腦筋。

別去跟那種人鬥啦，
他們就是想看到你
生氣、不開心。
最好的方法就是視而不見囉。

POINT

不要理會自私的人

自己或自己重視的人如果被傷害了，我們通常很難嚥下這口氣。有時可能還會覺得「一定要把話說清楚才行。」但其實比起去反擊那些傷害他人的人。

「視而不見」反而會是較有效的方法。

這是因為這種人絕大多數都是故意傷人，藉此從別人的反應中獲得樂趣。

如果正中對方下懷的話豈不是太蠢了。

因此，不妨在心裡告訴自己：「這個人真可憐，只懂得用這種方式說話。」

你不做任何反應的話，對方也很快就會覺得無趣而收手了。

50 令人不開心的話語就像火柴

我很重視的事情
被身邊的人當成笑話，
讓我很受傷。

聽到令你不開心的話語，
就把這當成火柴吧。
趁火還沒燒起來時
趕快滅掉就對啦～

不懂得顧慮別人心情的人隨口說出的一句話有時會令我們受傷。

有些甚至不會隨著時間經過而淡忘。

一根火柴就能燒掉整棟房屋，是因為房屋本身化作了燃料。

同樣的道理，會一直對他人無心的一句話耿耿於懷，是因為你自己成為了燃料。

一根火柴並不具備燒掉整棟房屋的能力。

任何話語也都沒有摧毀你的能力。

因此，如果有人把火柴丟到你身上，趕快把火滅掉就是了。

不需要把自己當成燃料。

不要對他人的話語耿耿於懷

51

跟別人合不來是我的錯嗎？

我跟某些人不管怎麼試
就是合不來，
這難道是我的錯嗎？

記住啦～
自己比任何人都重要吧？
而且「逃跑」可是
超級重要的技能喔。

也許在你嘗試了各種方法，甚至是重新轉換了心情後，還是會覺得跟某些人合不來。

這種時候就逃離吧！

不要勉強自己配合對方。

沒有人能做到跟每一個人都合得來。

跟某些人合不來是稀鬆平常的事。

就算怪罪自己也沒用。

有時候必須認清「我跟這個人合不來」的事實，選擇看開。

懂得看開後，將可以讓你不再感到自責。

有時必須要懂得看開

52 總是無法寬以待人

我在網路上
很容易否定他人，
可是又很討厭自己這樣……

會攻擊他人是因為
對自己沒自信。
那就先提醒自己
多喜歡自己一點吧。

在網路上不需要表明自己身份，就可以否定、攻擊其他人。
但否定別人反映的其實是無法肯定自己。
人會將得不到肯定的現狀轉移成否定他人，藉此來保護自己的內心。
所以，有自我肯定感、內心充實的人不會做這種事。
如果你想批評某人的話，就試著改成讚美對方吧。
批評他人會讓人厭惡自己，但讚美別人可以讓人肯定自己，覺得「我是做得到的，我很棒！」
這樣不會造成別人不舒服，也能讓自己的心情變好。
是個能讓大家都開心的方法。

用讚美取代否定他人

大腦討厭變化

想要減肥卻總是無法成功，

或許原因其實出在腦。

大腦非常懶惰，而且討厭變化。

因此就算想著「我要變瘦」、「我要改變」，

不管再怎麼努力還是會一下子就前功盡棄。

為了不讓大腦妨礙你辛苦努力的成果，

就要不斷催眠自己「我會瘦下來」、

「我會變得不一樣」，巧妙地騙過大腦。

在大腦察覺不到的情況下，

一步步改變對自己的想像吧。

第5章

如此一來，就會有人為你帶來好運

——大腦會透過「與他人的連結」帶你走向幸福的道路

與他人的相處是好是壞，
全看你怎麼解釋。
你身處的環境也一樣，
換個方式去理解的話，
世界會變得無比美妙喔～

53

讓身邊圍繞討喜之人的3訣竅

我希望自己身邊
都是討人喜歡的人！

你希望和怎樣的人相處？
「能帶來好心情」
這一點超重要的啦。
誰都不希望身邊的人
總是板著臉吧？

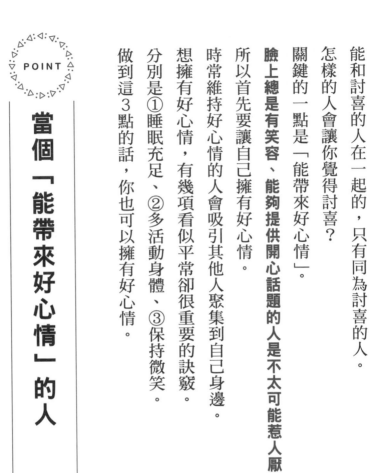

能和討喜的人在一起的，只有同為討喜的人。
怎樣的人會讓你覺得討喜？
關鍵的一點是「能帶來好心情」。
臉上總是有笑容、能夠提供開心話題的人是不太可能惹人厭的。
所以首先要讓自己擁有好心情。
時常維持好心情的人會吸引其他人聚集到自己身邊。
想擁有好心情，有幾項看似平常卻很重要的訣竅。
分別是①睡眠充足、②多活動身體、③保持微笑。
做到這3點的話，你也可以擁有好心情。

當個「能帶來好心情」的人

54

幸運的人有哪些特質？

該和哪種人在一起
才能提升我的運氣？

好！那就教你
我私藏的識人方法吧！
最重要的特質就是
「覺得自己運氣很好」！

幸運會集中在擁有以下特質的人身邊。

・面帶笑容、親切。
・樂於挑戰。
・覺得自己運氣很好。

世界上所有事情都是付出多少，就會得到多少回報。
所以總是面帶笑容、親切待人的人也會有相對的回報。
若發現這種人的話，就去模仿對方吧，相信你也會分到好運的。

POINT

模仿「覺得自己運氣好」的人

好心情會吸引機會

「心情愈好的人運氣愈好」這件事是真的。

絕大多數的機會都是因為與他人的交流而來。

得到重要情報、受邀參加活動而結識貴人、有人幫忙介紹自己中意的工作等等……

絕大多數的機會都不是自己找到，而是「別人」帶來的。

那麼，能夠得到情報、接到邀約、有人幫忙介紹工作的人，又都是怎樣的人呢？

問題來了。

總是面帶笑容、好脾氣的人與看起來一臉不悅的人，

你會想和哪種人說話？

這樣一想，你就知道為何好心情的人運氣也好了吧。

如果能控制自己的心情，將會拓展你的運勢。

就算心中有煩惱、感到不安，也不要忘了笑容。

只要維持好心情，機會就會不斷降臨～

55

即便是好友，人也是會變的

我和念書時的好友
久別重逢，
彼此卻變得好生疏，
感覺很難過。

很多人似乎都搞錯了，
這種事超正常的吧？
畢竟你們彼此都長大了啊。

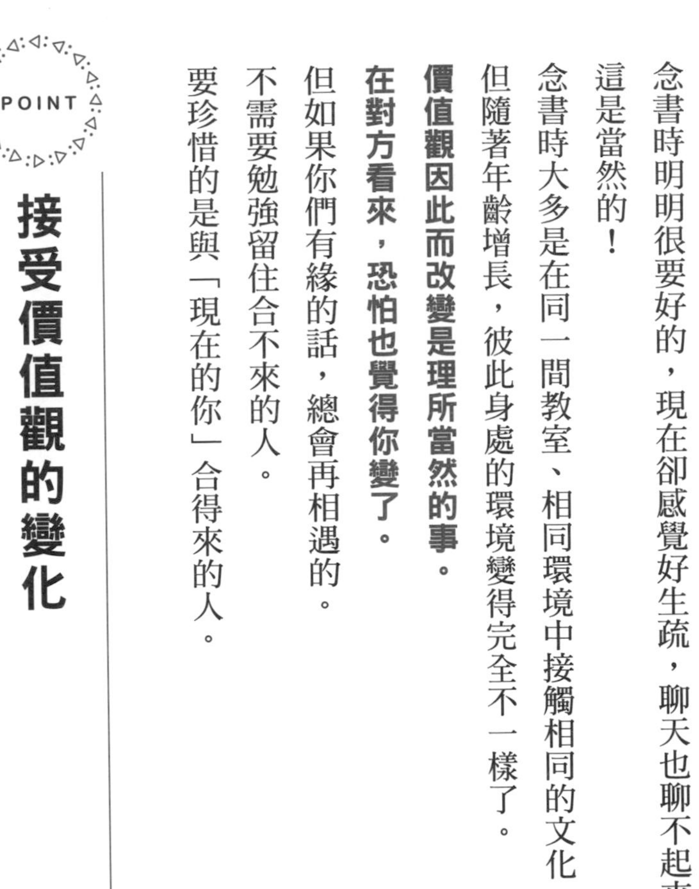

念書時明明很要好的，現在卻感覺好生疏，聊天也聊不起來了……

這是當然的！

念書時大多是在同一間教室、相同環境中接觸相同的文化。

但隨著年齡增長，彼此身處的環境變得完全不一樣了。

價值觀因此而改變是理所當然的事。

在對方看來，恐怕也覺得你變了。

但如果你們有緣的話，總會再相遇的。

不需要勉強留住合不來的人。

要珍惜的是與「現在的你」合得來的人。

POINT

接受價值觀的變化

56

不敢說「NO」的你請看過來

我時常因為
不敢說「NO」
而感到後悔不已。

要養成以自己的意志
做選擇的習慣啊！
不擅長拒絕的話，
那就先想好理由吧～

總是以「隨便啦」的態度做選擇的話，在人生中真正重要的時刻就會被他人的意見左右，無法自己做決定。

如果不想變成這樣，就要養成隨時以自己意志做選擇的習慣。

不懂得如何拒絕別人的話，不妨先想好拒絕的理由。

・有人邀自己應酬聚餐的話↓用「我正在減肥」做藉口。

・被要求加班的話↓用「家裡有事」做藉口。

若是當下才做判斷，很容易又會做出和過去相同的選擇。

POINT

平時就先想好說「NO」的理由

57

比著急更重要的事

身邊的人一個個結婚了，
讓我好著急。

緣分都是在
意想不到的地方出現的啦。
若是感到著急的話，
不妨暫時把注意力
放到其他地方去吧～

就算希望「得到伴侶」、「交到朋友」，這種事也不像買東西，只要付了錢，就會到手。

許多人雖然知道這個道理，卻還是會感到煩躁，不知道自己到底還得孤身一人多久。

但這種時候更應該注意。

因為著急很容易招來不好的緣分。

人與人的相遇往往發生在意想不到的地方。

緣分都是在令人難以置信的地方串連起來的。

你要做的，只有相信未來的緣分。

POINT

對於緣分唯一該做的是順其自然

58

為何努力卻得不到回報？

我已經努力提升自我、學習技能了，但還是得不到自己想要的。

世界上終究有些事是你無法控制的啦～不過，你所付出的努力是不會白費的！

世界上的事情可分成「自己能控制的」和「自己無法控制的」。
減肥、學習知識等行為可以取決於自己。
但這些行為是否能讓喜歡的人注意到自己、考試是否會上榜則是我們無能為力的事。
先接受這個事實吧！
那這是否代表努力是沒有意義的？
不，你自己比任何人都清楚你所付出的努力。
雖然肉眼看不出來，但這些努力會化為自信。
你的努力一定會在日後帶來好運。

POINT

所有努力都是在為好運鋪路

59

學習從失落中走出來

親近的人離開我身邊，
讓我感覺好難過。

一直注意關上的門，
不就看不見打開的門了嗎？
失去了舊的也代表
有機會得到新的啊！

有相遇就會有離別。
人與人的緣分不是我們能控制的。
但當我們失去時，其實也是獲得的機會。
兩手如果拿滿了東西，就無法再去拿其他東西了。
人也是一樣。
想要遇見新的人，就只能和原本的人道別。
一直在意已經離開的人，會讓自己看不見生命中新出現的人。
這樣就太可惜了。
好好期待從今以後會遇到的人吧。

POINT

失去的緣分會有新的緣分填補

60

接受不完美的自己

工作常常出包，
想減肥卻又戒不了美食，
我好討厭這樣的自己。

世界上沒有十全十美的人啦～
人之所以是人，
就是因為會犯錯啊。
你不覺得這樣才可愛嗎？

每個人心中都有一個理想的自己。
然而，理想是理想。
考試雖然有一百分，但沒有人的人生是滿分。
就算是看起來完美無瑕的人，心裡一定也有別人不知道的自卑感。
比起事事表現得完美的人，你不覺得偶爾會粗心大意出錯的人更有溫度、更有親切感嗎？
如果那麼在意完美的話，說不定機器人更符合要求……
所以，不用把一百分當成目標。
只要做你自己就好了。

POINT

即使沒有一百分，你就是你

61

不要害怕找人談心事

我已經比以前
積極很多了，
但還是常感到不安。

把負面情緒說出來
會讓心裡輕鬆很多喔。
不過，千萬要找你
百分之百信任的人啊！

你是否也覺得心裡充滿不安、悲傷等負面情緒時，找人講出來後就會輕鬆許多呢？

很多時候，將心裡的鬱悶化作言語吐露出來，有助於擺脫負面情緒。

只是，傾訴的對象必須慎選。

對方若是會帶來負面影響，或給出幫倒忙建議的話，只會讓心情變得更加鬱悶。

因此，在遇到這種「緊急」狀況時，最好是能夠跟你打從心底真正信任的人傾訴。

不隨便發表意見，會靜靜聽你說話的人是最理想的對象。

POINT

向願意靜靜聽你說話的人傾訴內心感受

62 將煩惱全部寫下來

我找不到人可以
好好聊自己的煩惱。

說話的對象
不一定要是人啊，
把煩惱寫在筆記本上
也一樣有效喔～

「想找人聊一聊，身邊卻沒有可以談心的人……」或許有些人存在這樣的煩惱。

但其實說話的對象不是人也沒關係。

筆記本也可以。

試著將你的心情寫在筆記本上吧。

「我有這樣這樣的煩惱」、「感覺好痛苦」等，想到什麼就寫什麼，能讓心情輕鬆不少。

一開始你可能會不知如何下筆，但只要持之以恆，不久後便會愈寫愈順。

也能夠當成向別人傾訴自己心情的練習。

動筆寫可以讓頭腦變清晰

63

其實你並不是「一個人」

我喜歡獨處，
不覺得有必要交朋友。

如果得勉強
和別人相處的話，
的確是自己一個人比較好。
但有時候身邊要有其他人，
才能追逐更大的夢想喔。

相信有些人應該是喜歡獨處勝過和別人在一起。
或許是覺得與其隱藏真正的自己、勉強去配合別人，不如一人樂得輕鬆。
但人之所以需要朋友或同伴是有原因的。
一個人不可能獨自完成所有事。
以公司為例，不管老闆多有能力，都必須聘請員工。
畢竟沒有人能夠會計、人事、業務樣樣精通。
身邊有其他人幫助，就能夠專注在自己的工作上，創造更豐碩的成果。
科技的進步讓我們獨自一人生活也不成問題。
但請不要因此忘了與人交流的真正意義。

POINT

有些夢想需要他人的協助才能實現

64 與人打交道好麻煩……

我覺得與他人打交道好麻煩，
難道不能自己一個人活嗎？

你真的有辦法
自己一個人生存嗎？
你吃的東西、
看的書都是
靠別人得來的吧？

在靠狩獵或農耕維生的古代，人類為了生存必須過團體生活。
乍看之下，現代人似乎可以獨自一人生存。
但其實結構本身並沒有改變。
你不用狩獵是因為有其他人代替你狩獵。
你不用農耕是因為有其他人代替你農耕。
只是因為你沒有實際看到那些人，所以不了解而已。
「人無法獨自一人生存」的道理在現代也適用。
幸運會聚集到能夠切身感受這個道理，並懂得感恩的人身上。
你是如何與其他人連結起來的呢？

POINT

因為與他人連結才得以生存

65 創造「善的循環」

有沒有什麼好方法
可以報答曾經
照顧過我的人呢？

我會選擇
創造「善的循環」，
把你得到的善意
傳遞給其他人吧！
這樣可以讓更多人
得到幸福～

日文有一個詞叫作「送恩」。
意思是「得到恩惠後將自己的所得回饋給其他人，而不是直接回報給施與恩惠的人」。
「報恩」是你與對方兩個人之間的關係。
但送恩除了對方和你以外，還有其他人也會參與進來。
其他人也同樣送恩，善的循環就會不斷擴大。
送出去的恩惠最後輾轉回到自己身上，這樣不是很美妙嗎？
如果別人做的事讓你覺得「很感激」、「好開心」的話，就嘗試著開啟善的循環吧。

將自己得到的恩惠回饋給其他人

言語可以讓人生更富足

言語具有強大的力量，因此日本人自古就相信「言靈」的存在。

「我這種人是不可能的」、「一定會失敗」、「可是……」

習慣把這些話掛在嘴邊的人，簡直就像在詛咒自己「失敗吧」。

如果連和自己相處最久的你，都一天到晚說出負面的話語，大腦就會將這些話信以為真。

所以要養成正向積極的講話習慣。

「我可以的！」

就算毫無根據，大腦也會幫你找出正面意義，沒問題的！

終章

進一步改變人生的8項技巧

——打造完美人際關係的私房絕招

一帆風順的人
都很懂得掌握人心，
所以人緣好、工作能力也強。
但這種事有時也是
需要一些技巧的～

一帆風順的人都是這樣做的

最後要介紹的是改善人際關係所需的8項技巧。

有些人看到「技巧」或許會認為這是在「操弄人心」，而抱持負面觀感。

但無論是有心或無心為之，人際關係良好的人都是有善用技巧的。說話的遣詞用字、內容的先後順序等小地方，就足以提升或破壞你給人的印象。

或許你會懷疑「真的有差嗎？」，但不妨試試看吧，絕對不會吃虧的。

1

提出會讓對方心情變好的問題

「我念書的時候是足球隊的。」

聽到別人這樣說，大多數人應該都會問「是哪裡的球隊？」、「你是踢什麼位置？」之類的問題。

但我建議問「射門得分的時候是什麼樣的感覺？」之類的問題。

如此一來，對方便會回想起開心的感覺，使大腦認為「和這個人聊天很開心」。

以此有助於建立好印象！

2 拜託對方幫個小忙

如果你想和某個人打好關係的話，不妨嘗試著拜託對方幫自己一個小忙。

因為會使大腦產生錯覺，認為「幫忙的對象＝特別的對象」。

經過幾次之後，對方就會覺得「我們那麼常在一起，應該要打好關係才對。」

重點在於，要提出不會造成對方負擔、只是舉手之勞的要求。

如此一來，你們之間的距離就會拉近許多。

3

聊到正興起時結束對話

電視節目經常在令人好奇接下來的發展時進廣告，或是將後續內容留到下一集才播。

雖然知道這是在吊觀眾的胃口，但還是會想繼續看下去。

這種手法也可以應用在人際關係。

聊天聊得正興起時，如果起身說：「我差不多該走了……」會讓對方有「還想繼續聊」的感覺。如果對方是你在意的人，或你希望對方注意自己的話，不妨使用這一招。

4 講話內容穿插正面訊息

若有事情希望對方注意、改進的話，建議用【正面訊息】↓【負面訊息】↓【正面訊息】的方式傳達。

「最近你很認真，實在幫了大忙【正面訊息】↓不過資料的這個地方有點讓人看不懂，可以改一下嗎？【負面訊息】↓你工作一直都很有效率，真的很感謝！【正面訊息】」

一開始就說出負面訊息，或是最後以負面訊息結尾的話，會使對方對你的印象變差。若是在談話中穿插正面訊息，就能夠緩和負面訊息造成的影響。

5 讚美意想不到的地方

成績優秀的人很習慣聽到別人說「你成績好好喔，真厲害！」但如果對這樣的人說：「你成績那麼好，是因為每天都很認真複習吧。能付出這麼多努力真是厲害。」對方一定會很開心。

無論是怎樣的讚美，聽久了都會麻木。

從與別人不同的角度讚美，會讓對方覺得「這個人很用心注意我。」如果大家都稱讚某個人「你做事好有效率喔！」你不妨說：「相信你思慮一定很周密，所以做事才那麼有效率。」藉此稱讚對方「思慮」的部分。

6

稱讚對方「本身」

有一個說法是，稱讚孩子時應該稱讚孩子「整個人」。

這是因為，「你做了○○，好棒喔」的說法等於是說如果沒有做○○的話，孩子就不棒了。這個道理也適用於大人。

每個人都希望自身的存在受到肯定。

「有你在真是太好了。」

「有你在我身邊很開心。」

面對你重視的人時，可以試著這樣說。

7 運用「空檔」炒熱對話氣氛

益智節目的主持人在公布答案前都會說：「正確答案是……」故意停頓一下。這樣會讓人更加好奇「是哪一個？」、「答案是什麼？」

與人對話時也一樣。

要講重要的事情之前，先製造出明顯的空檔吧。

即使沒有直接用言語說明，這種空檔也具有宣告「接下來我要講重要事情」的作用。

8

不著痕跡地貼標籤

人會在不知不覺間受到其他人的話語影響。

因此，如果你很在意某件事，「貼標籤」這個方法十分有效。

也就是貼上「你是這樣這樣的人喔」這種類似先入為主的標籤，藉此帶對方往你想要的方向走。

若對方是個常不遵守約定的人，那就幫對方貼上「你是個遵守約定的人喔」的標籤。

對方會在不自覺的狀況下受到影響，照著你貼的標籤去做。

想防止對方不守約定、找藉口逃避的話不妨使用這一招。

看完這8項技巧後，你有何感想呢？
如果你覺得某個人的身邊都是個性好、好相處的人，那是因為對方實踐了這些技巧。
若發現了這樣的人，就去學起來吧！

但有一點要注意！
這些技巧若只是流於表面工夫，可能不會得到太多效果。
想要完整理解，不用刻意提醒自己也能自然而然用出這些技巧的話，終究必須學會正確運用大腦。

後記

當「你」變得不一樣了，幸福也會傳遞給身邊的人

感謝大家閱讀本書到最後。

我的前一本著作《脳科学で、ふわっと「なりたい自分」になる方法》出版後，有許多人開心地向我表示「我錄取喜歡的工作了！」、「沒想到我可以過得這麼快樂！」等等。

同時我也收到了許多求助的訊息。

這些訊息的內容有2個共通的關鍵詞——「只有我」、「永遠」。

「為什麼『只有我』這麼不好受？」、「我會『永遠』這麼痛苦嗎？」

不，答案是否定的。

不是只有你有煩惱，你的痛苦也不會永遠持續下去。

我是為了讓大家了解這一點而寫下本書的。

ｔｉｋｉ的夢想是世界和平。

要創造和平的世界，必須先讓你過得幸福。

當你得到了幸福，幸福也會傳遞給你所重視的人。

ｔｉｋｉ所期盼的，正是像這樣將幸福的範圍擴大到全世界。

「所以囉，好好學習本書的內容，然後分享給你重視的人吧。多買幾本送人也是可以啦～」

希望有愈來愈多人選擇走上「幸福的道路」。

「正在閱讀本書的你，真的多謝啦～！」

ｔｉｋｉ

JINSEI WO KAERU "SHIAWASE ROUTE" NO KAKIKAEKATA

Design by Daisuke SUZUKI, Terumi EZAKI (SOUL DESIGN INC.)
Illustration by YUE11
First published in Japan in 2022 by Daiwashuppan, Inc.
Traditional Chinese translation rights arranged with PHP Institute, Inc.
through CREEK&RIVER Co., Ltd.

tiki 大神親自傳授

掌握人際關係的魔法

出　　版／楓葉社文化事業有限公司
地　　址／新北市板橋區信義路163巷3號10樓
郵政劃撥／19907596 楓書坊文化出版社
網　　址／www.maplebook.com.tw
電　　話／02-2957-6096
傳　　真／02-2957-6435
作　　者／tiki
翻　　譯／甘為治
責任編輯／吳婕妤
內文排版／楊亞容
港澳經銷／泛華發行代理有限公司
定　　價／380元
出版日期／2024年3月

國家圖書館出版品預行編目資料

tiki大神親自傳授：掌握人際關係的魔法 / tiki 作；甘為治譯. -- 初版. -- 新北市：楓葉社文化事業有限公司, 2024.03　面；　公分

ISBN 978-986-370-658-8（平裝）

1. 人際關係 2. 社交技巧

177.3　113000655